ANNALES DU MUSÉE GUIMET

REVUE
DE
L'HISTOIRE DES RELIGIONS

PUBLIÉE SOUS LA DIRECTION DE

M. JEAN RÉVILLE

AVEC LE CONCOURS DE

MM. E. AMÉLINEAU, Aug. AUDOLLENT, A. BARTH, R. BASSET, A. BOUCHÉ-LECLERCQ, J.-B. CHABOT, E. CHAVANNES, P. DECHARME, L. FINOT, I. GOLDZIHER, L. KNAPPERT, L. LEGER, Israel LÉVI, Sylvain LÉVI, G. MASPERO, P. PARIS, F. PICAVET, C. PIEPENBRING, Albert RÉVILLE, etc.

A. BOUCHÉ-LECLERCQ

LA POLITIQUE RELIGIEUSE DE PTOLÉMÉE SOTER ET LE CULTE DE SÉRAPIS

PARIS
ERNEST LEROUX, ÉDITEUR
28, RUE BONAPARTE (VIe)

1902

Angers, imprimerie Burdin et Cie, 4, rue Garnier.

LA

POLITIQUE RELIGIEUSE DE PTOLÉMÉE SOTER

ET LE CULTE DE SÉRAPIS

L'histoire, qui juge les hommes par leurs œuvres et se montre assez dédaigneuse pour les intentions non réalisées, doit classer le fondateur de la dynastie des Lagides parmi les hommes les mieux doués de sa génération. Il ne sut pas seulement commander; il sut gouverner et accommoder son régime politique aux habitudes des peuples, ou plutôt des races groupées sous son sceptre. Il n'a pas cherché à imposer au peuple égyptien les habitudes d'esprit ou les coutumes grecques. Ce peuple avait pris, au cours des siècles, son assiette naturelle et son allure définitive. Ptolémée jugea que le mieux était de le laisser vivre comme par le passé. Les Égyptiens, comme les Juifs, n'ayant d'idées que sous forme de croyances religieuses, c'est du côté des cultes nationaux et des prêtres que le nouveau maître, venant prendre possession de sa satrapie après la mort d'Alexandre le Grand (323), dut tourner tout d'abord son attention. La tolérance n'était pas difficile à un Hellène ou Macédonien ; elle l'était moins que jamais au temps d'Alexandre. Le conquérant avait lui-même indiqué à ses successeurs la politique à suivre en recherchant l'investiture religieuse à laquelle les divers peuples attachaient la souveraineté légitime.

Mais il ne suffit pas d'offrir la paix aux religions ; il faut encore qu'elles l'acceptent, et l'entente ne va pas sans difficulté quand elles sont représentées par des corporations ou des castes sacerdotales. Se montrer prévenant pour les prêtres égyptiens était le meilleur moyen de perdre à leurs yeux le caractère « impur » qu'ils attribuaient à tous les étrangers, et surtout aux Hellènes [1]. Ptolémée n'avait pas besoin de posséder à fond l'histoire de l'Égypte pharaonique pour savoir que l'inimitié des prêtres avait toujours été fatale même aux rois de race indigène. A plus forte raison un maître étranger était-il tenu de s'accommoder à tout prix avec ces pasteurs du peuple. Il faut dire que cette conquête morale était singulièrement facilitée par les souvenirs récents de la domination des Perses. Les prêtres s'estimaient heureux de n'avoir plus à redouter les fureurs d'un Cambyse ou les vengeances d'un Ochos. Ptolémée s'était hâté de leur donner des preuves de ses bonnes intentions. Au moment où il prit possession de l'Égypte comme satrape, il avança, dit-on, une somme de cinquante talents pour subvenir aux frais des funérailles d'un Apis [2]. Il eut sans doute le bon goût de ne pas se faire rembourser et d'inaugurer par là ses relations avec le clergé. Le respect pour le culte d'Apis était la dernière concession qu'on pût attendre de la complaisance d'un étranger; aussi était-

1) Ce souci de la pureté matérielle chez les Égyptiens, surtout chez les prêtres, étonne Hérodote. Ce sont des gens θεοσεβέες δὲ περισσῶς ἐόντες μάλιστα πάντων ἀνθρώπων (II, 37). De là l'antipathie pour les étrangers qui faisaient fi de ces minutieuses observances. Il n'y a que l'Hellène qui achète la viande des victimes expiatoires, chargées d'imprécations (II, 39). « Aussi pas un Égyptien ni une Égyptienne ne baiserait un Hellène sur la bouche et ne se servirait soit du couteau, soit de la broche ou de la marmite d'un Hellène » (II, 41). C'est bien le genre d'intolérance qui s'est pleinement développé dans le judaïsme, et que les Gréco-Romains ont toujours considéré comme stupide.

2) Diodor., I, 84. On ne croit plus au « Cycle d'Apis », période de 25 ans suivant Plutarque (*De Isid. et Osir.*, 56), et l'obituaire des Apis dressé par H. Brugsch (voy. le tableau dans L. Strack, *Die Dynastie der Ptolemäer*, Berlin, 1897, p. 157), ne va que de 251 à 44 av. J.-C. On ne peut donc dater le fait rapporté par Diodore, fait d'authenticité douteuse, précisément parce qu'il est typique. Polyen (VII, 11, 7) croit savoir que Darius Ier en avait fait autant et plus. Il avait promis cent talents d'or à qui trouverait le remplaçant d'un Apis défunt. Alexandre avait fait ses dévotions « aux autres dieux et à Apis » (Arrian. III, 1). Auguste fut moins complaisant en l'an 30 (Dio Cass., LI, 16. Suet. *Aug.*, 93).

ce la pierre de touche à laquelle on reconnaissait le ferme propos de protéger la religion nationale.

Une inscription hiéroglyphique, trouvée au Caire en 1871, nous renseigne d'une façon plus sûre que le texte de Diodore sur les moyens employés par le satrape pour gagner la confiance du clergé égyptien[1]. Elle est gravée sur une stèle de granit noir, au dessous d'une scène où l'on voit un roi présentant des offrandes, d'une part à « Horos, seigneur de la ville de Pe », de l'autre, à « Bouto, dame des villes de Pe et de Tep ». Le texte est daté « du mois de Thoth de l'an VII du roi Alexandre toujours vivant », c'est-à-dire du mois de novembre de l'an 311, époque à laquelle le « toujours vivant » n'était vraisemblablement plus en vie, Cassandre s'étant débarrassé par l'assassinat de ce fantôme de roi, fils posthume d'Alexandre le Grand et de Roxane. Le règne d'Alexandre II n'était plus, en ce cas, qu'une fiction légale, maintenue par le satrape, qui n'osait pas encore se proclamer roi. L'embarras des rédacteurs de l'inscription se trahit, du reste, par le fait que; tout en mentionnant l'année du règne d'Alexandre, ils donnent à Ptolémée les titres royaux de « Sa Sainteté » ou « Sa Majesté ». Après un éloge des vertus, surtout de la vaillance de Ptolémée, de la piété avec laquelle il a rapporté d'Asie et remis en place les objets sacrés jadis enlevés par les Perses[2], les prêtres de Pe et de Tep racontent comment Ptolémée, sollicité de rendre aux divinités du lieu les terres à elles données par le roi Khabbash et enlevées par Xerxès, et tenant la triste fin de Xerxès pour une preuve de la puissance des dieux outragés, a rendu aux divinités de Pe et de Tep la terre de Patanout, bornée au S. par Hermopolis, au N. par la dune de la mer, à l'E. par le nome de Sébennytos, à

1) H. Brugsch, *Ein Decret Ptolemaios' des Sohnes Lagi des Satrapen* (Z. f. aeg. Sprache, IX [1871], p. 1-13 ; 59-61. C. Wachsmuth, *Ein Dekret des ägyptischen Satrapen Ptolemaios I* (Rh. Mus., XXVI [1871], p. 463-472).

2) Ceci est une formule protocolaire, un véritable « cliché » ptolémaïque, qui reparaît sur la stèle de Pithom pour Philadelphe, et sur celle d'Adulis pour Evergète.

l'O. par un bras du Nil (la branche actuelle de Rosette). « Moi, Ptolémée, satrape, je restitue le territoire de Patanout au dieu Horos, vengeur de son père, seigneur de Pe, et à la déesse Bouto, dame de Pe et de Tep, avec tous ses villages, toutes ses villes, tous ses habitants, tous ses champs, toutes ses eaux, tous ses quadrupèdes, tous ses troupeaux de bétail, et tout ce qui y est engendré et produit, tel qu'il était jadis, et avec tout ce qui y avait été ajouté par la donation du roi Khabbash. — Tout cela ensemble, qu'avait donné le roi Khabbash, le gouverneur d'Égypte Ptolémée en renouvelle la donation aux dieux de Pe et de Tep à perpétuité. Que, en récompense de ce qu'il a fait, lui soit donné victoire et force au contentement de son cœur, de manière que la terreur soit parmi les peuples étrangers qui existent aujourd'hui ».

Les souvenirs que rappelle ce document étaient habilement choisis parmi ceux qui pouvaient le mieux recommander le nouveau régime, comparé à celui des Perses. Le roi Khabbash, dont Ptolémée honore ainsi la mémoire, avait été le chef d'un soulèvement national contre Xerxès en 487. Ptolémée se faisait ainsi le représentant du patriotisme égyptien et, du même coup, rappelait indirectement les services rendus à l'Égypte par les Grecs, car c'était la défaite des Perses à Marathon qui avait provoqué la rébellion de l'Égypte. On savait, du reste, que les prétendants de race égyptienne, au cours des ve et ive siècles, avaient été soutenus dans leur lutte contre les Perses par des renforts venus de la Grèce[1]. Quant à la donation faite jadis par le roi Khabbash, il importait peu à la politique de Ptolémée qu'elle fût ou non authentique[2]; elle était invoquée à propos pour rattacher le présent

1) Les Athéniens et Cyrénéens au secours d'Inaros (462-459); escadre athénienne envoyée par Cimon à Amyrtæos (449); subsides athéniens à Achoris (vers 390) ; Evagoras de Cypre et Hécatomnos de Carie alliés de Nectanébo Ier (387-369) ; Agésilas et Chabrias alliés de Tachos (369-361); Agésilas, Diophante d'Athènes, etc., avec Nectanébo II, le dernier Pharaon (367-350), contre Artaxerxès II Mnémon et Artaxerxès III Ochos.

2) Les prêtres fabriquaient parfois des actes de donation apocryphes au nom des Pharaons, pour inviter les Ptolémées à suivre les exemples des anciens

au passé. Enfin, d'autres documents nous apprennent que Ptolémée s'occupa aussi, dès son arrivée en Égypte, de réparer ou rebâtir les temples dégradés par les iconoclastes iraniens. C'est ainsi que des travaux furent exécutés par ordre du satrape, au nom des rois Philippe (Arrhidée) et Alexandre, à Karnak, Louqsor et autres lieux. On oublie souvent qu'une bonne partie des « pierres éternelles » encore debout sur le sol de l'Égypte ont été dressées par les Lagides, et que le fondateur de la dynastie, en cela comme en tout le reste, a donné l'exemple à ses successeurs.

Il ne faudrait pas toutefois prétendre asseoir sur quelques faits isolés un jugement d'ensemble sur la politique suivie par Ptolémée à l'égard du clergé égyptien. Celle de ses successeurs, que nous connaissons un peu mieux, n'a pas été faite uniquement de condescendance, et il est à croire qu'ils ont suivi la ligne de conduite tracée par le sage ancêtre. Il y avait eu de tout temps, même sous les derniers rois indigènes, des aliénations de biens de mainmorte (*neter hotep*). On avait vu autrefois Amasis (564-526), pour payer ses mercenaires étrangers, mettre à contribution les richesses des temples de Bubaste, Héliopolis et Memphis [1]. Plus récemment encore, le roi Tachos (369-361), pour les besoins de la défense nationale, avait ordonné aux prêtres de réduire au dixième les dépenses du culte et de « lui prêter le reste jusqu'à la fin de la guerre contre les Perses [2] ». Ptolémée se garda sans doute

rois. Telle l'inscription trouvée dans l'îlot de Sehel par M. de Morgan (*C.-R. de l'Acad. d. Inscr.*, 19 mai 1893, p. 156), document attribué par les prêtres de Khnoumou au Pharaon Zosiri, de la IIIe dynastie. C'est un procédé qui rendit encore de bons services aux clercs du moyen âge.

1) E. Revillout, *Rev. Égyptol.*, I [1880], p. 57. Cf. D. Mallet, *Les premiers établissements des Grecs en Égypte* (Mém. de la Miss. archéol. du Caire, XII, 1, Paris, 1873, p. 130-131). Les imprécations fulminées contre les usurpateurs des biens du clergé « n'empêchaient pas toujours les barons ou le roi de porter la main sur les revenus des temples : sinon l'Égypte serait promptement devenue terre sacerdotale d'une frontière à l'autre. Même réduit par des usurpations périodiques, le domaine des dieux couvrait en tout temps un tiers environ du territoire » (G. Maspero, *Hist. ancienne des peuples de l'Orient classique*, I [1895], p. 303).

2) Ps.-Aristot. *Oecon.*, 2, 25.

d'opérer des restitutions par mesure générale : celles qu'il consentit à titre de faveur spéciale n'en eurent que plus de prix. Il eut besoin de terres à distribuer à ses vétérans, et il dut établir une bonne partie des nouveaux colons sur des terres appartenant ou ayant appartenu aux temples. Le régime concordataire que nous trouvons plus tard établi sous Philadelphe, c'est-à-dire protection et subventions accordées au clergé, contre redevances imposées aux biens sacerdotaux, peut remonter à une époque antérieure et même ne différer que par des nuances du régime pharaonique.

Quoi qu'il en soit, Ptolémée voulut inaugurer un système de conciliation par des procédés qui réussissent d'ordinaire avec tous les clergés du monde. Mais il fallait aussi songer au peuple, et particulièrement aux besoins religieux de ce peuple mixte qui commençait à se former sur le littoral du Delta par association de trois éléments disparates, Égyptiens, Juifs, Helléno-Macédoniens. Jusque-là, les immigrants étrangers avaient formé en Égypte des groupes séparés du reste de la population. Du temps d'Hérodote, il y avait à Memphis un quartier phénicien appelé le « Camp des Tyriens » (Τυρίων στρατόπεδον), et une factorerie samienne à la Grande Oasis [1]. Naucratis était une ville toute grecque, où les colons milésiens avaient importé leurs cultes nationaux, notamment ceux de l'Apollon Didyméen et d'Aphrodite. Leur Hellénion était le centre d'une espèce de fédération hellénique : son nom même indique que les Naucratites ne songeaient pas à abaisser les barrières qui les séparaient de la population environnante [2]. Ptolémée, lui aussi, suivit ce système, imposé

1) Herod., II, 112 ; III, 26. Il y avait aussi à Memphis, au moins depuis le temps d'Amasis, des Ἑλληνομεμφῖται et des Καρομεμφῖται, qui s'alliaient par mariages à la population indigène (Steph. Byz. s. vv. Ἑλληνικόν et Καρικόν). Un Ἑλληνομεμφίτης est nommé dans un papyrus du Ier siècle (?) avant notre ère (*Greek Pap. of the Brit. Mus.*, I, p. 49).

2) Les fouilles de Flinders Petrie et E. A. Gardner (1884-1886), qui ont retrouvé à Nebireh l'emplacement de Naucratis, ont renouvelé le sujet. Cf. dans les publications de l'*Egypt Exploration Fund*, Fl. Petrie, *Naukratis*, I (1886) et II (1888). D. Mallet, *op. cit.*, p. 145-364.

par l'orgueil de race, lorsqu'il fonda dans la Haute-Égypte Ptolémaïs, une ville pourvue d'un organisme grec et qui le révéra, à la mode grecque, comme son œkiste ou héros éponyme. On peut même dire, d'une manière générale, que les Lagides n'ont pas cherché à favoriser la fusion des races en Égypte. Le royaume fût devenu moins facile à gouverner si les Égyptiens avaient pris, au contact des Grecs, des habitudes incompatibles avec le despotisme traditionnel de leurs rois. Mais Alexandrie n'était pas une colonie exclusivement gréco-macédonienne. Elle avait été fondée sur un emplacement déjà occupé en partie par une bourgade égyptienne du nom de Rhakotis[1], et ce premier fonds de population indigène avait été grossi par le transfert des habitants de Canope[2]. Le commerce devait attirer dans cet emporium cosmopolite des gens de tout pays, créant ainsi une mixture hétérogène qui ne pouvait former une cité si quelques idées communes ne venaient donner à cette masse un certain degré de cohésion.

La religion a été, à l'origine, le lien à peu près unique des sociétés, et elle tient encore une grande place dans les civilisations plus avancées. Si la fusion morale des races pouvait et devait s'accomplir à Alexandrie, c'était à la condition que l'obstacle provenant de l'antagonisme des religions fût levé ou tout au moins atténué. En ce qui concerne les Juifs, Ptolémée paraît leur avoir réservé dès l'abord une place à part. Josèphe fait entendre que les Lagides avaient tenu compte dans leurs calculs de l'opiniâtreté juive, et que, isolés des autres peuples par les observances de la Loi, les Juifs jouaient un peu, dans les villes où la prévoyance du gouvernement les avait dispersés, le rôle de garnisaires. « Ptolémée

1) Strab., XVII, p. 792. Dans l'inscription de 311, le satrape Ptolémée est dit installé « au bord de la mer Ionienne, dans la forteresse du roi Alexandre, qui s'appelait autrefois Rhakotis ».

2) Ps.-Aristot. *Oecon.*, 2, 33. Le nom égyptien de Canope paraît avoir été Kâh-n-noub. La ville, qui a donné son nom à la Bouche Canopique, est mentionnée par Eschyle (*Suppl.* 311) et par Hérodote (II, 97).

fils de Lagos », dit-il, « eut des Juifs habitant Alexandrie la même opinion qu'Alexandre. Il leur confia, en effet, les places fortes de l'Égypte, persuadés qu'ils les garderaient avec autant de fidélité que de bravoure ; et, quand il voulut consolider son autorité sur Cyrène et les autres villes de Libye, il envoya une partie des Juifs y installer leur domicile[1] ». Des privilèges, qui passaient pour avoir été octroyés par Alexandre le Grand lui-même et confirmés par Ptolémée, assuraient aux Juifs alexandrins le droit de constituer une communauté à part dans la grande cité. C'est au milieu de leur quartier que le roi avait édifié son palais. Mais, si l'isolement des Juifs convenait à la politique des Lagides, ils ne pouvaient que souhaiter un rapprochement, dans les limites de leur capitale, entre la race conquérante et le peuple conquis. C'est dans ce but, pour donner à Alexandrie une divinité poliade, que fut institué le culte hellénisé d'Osiris-Apis ou Sérapis.

Évidemment, il fallait faire choix d'un culte égyptien susceptible d'être hellénisé[2], et non pas d'un culte grec qu'aucune contrainte n'aurait pu imposer aux Égyptiens. Autant les Grecs, las de leur mythologie et doutant de la puissance de leurs dieux, montraient de goût pour les religions exotiques, autant les Égyptiens se raidissaient dans leur orgueil théologique et leurs habitudes séculaires. Ils avaient persuadé à Hérodote que les cultes grecs n'étaient que des travestissements de leur religion nationale, et ils les jugeaient avec raison à la fois plus récents et plus décrépits que les leurs. On peut dire que, en matière de révélation, de théologie, de science absconse, les Grecs, fascinés par l'antiquité

1) Joseph. *C. Apion.*, II, 4. Les assertions de Josèphe ont été revisées et fortement émondées par la critique moderne. Sur les Juifs alexandrins, le travail le plus récent est l'article *Alexandria* (par E. Schürer et Eli Hazan) dans le tome Ier de la *Jewish Encyclopedia* (New-York, 1901, p. 361-368).

2) Il y avait déjà un culte égyptien hellénisé, et qui était même associé au souvenir d'Alexandre, celui d'Amon-Râ dans l'Oasis : mais Ptolémée n'essaya pas de déplacer le centre de ce culte, qui serait resté plus thébain et cyrénaïque qu'alexandrin. Il se contenta d'élever un autel commémoratif dans le temple d'Ammon (Pausan., IX, 16, 1).

de la civilisation égyptienne, étaient tout disposés à reconnaître la supériorité de prêtres dépositaires de traditions prétendues immuables. D'autre part, le culte qu'il s'agissait de revêtir d'une forme acceptable aux Hellènes devait s'adresser non pas à une divinité de notoriété restreinte ou de fonction obscure, mais à un être divin qui pût tenir une grande place dans les préoccupations humaines et fût connu de tous sans être déjà rivé, par une attache locale, à un autre sol que celui d'Alexandrie. Or, il n'était pas de type divin, dans tout le panthéon égyptien, qui remplît mieux toutes ces conditions que Osiris. Tous les Égyptiens invoquaient la protection du dieu mort et ressuscité qui protégeait les défunts au cours de leur voyage souterrain et leur faisait part de son immortalité. De leur côté, les Grecs devaient être persuadés — Hérodote le répète à satiété — que leur Dionysos mystique, le Zagreus des Orphiques, mis à mort par les Titans et ressuscité par Zeus, n'était qu'un décalque d'Osiris[1]. La religion dionysiaque, plus jeune que les cultes apolliniens, était précisément alors en plein crédit, et des Macédoniens ou Thraces avaient des raisons de croire qu'Orphée, le prophète de Dionysos-Osiris, était leur compatriote[2]. C'était donc le type d'Osiris qui se prêtait le mieux à la création d'une divinité syncrétique, laquelle serait Osiris

1) Voy., entre autres passages, celui où Hérodote affirme que les rites « appelés orphiques et bachiques étaient en réalité égyptiens et pythagoriens » (II, 81).

2) Orphée passait pour avoir vécu en Thrace. On retrouve chez lui le caractère le plus saillant du Dionysos osiriaque, la mort violente et la dispersion des membres, recueillis par Athêna ou par les Muses, comme ceux d'Osiris l'avaient été par Isis. Voy. dans Diodore [illegible] 18-20) un singulier mélange de légendes gréco-égyptiennes repétries par [illegible] évhémériste ; l'Osiris dionysiaque faisant le tour du monde, installant en Thrace Maron, l'œkiste de Maronée (éponyme d'un dème alexandrin), Macédon en Macédoine, Triptolème en Attique. Creuzer a tiré de là sa théorie du Sérapis pélasgique. On ne doit pas oublier non plus (cf. ci-après le rôle attribué à l'Eumolpide Timothée) l'influence exercée dans le même sens par les Mystères d'Éleusis, qui, transplantés à Alexandrie, retournaient vers leurs origines probables (P. Foucart, *Recherches sur l'origine et la nature des mystères d'Éleusis*. Paris, 1895), sinon historiquement démontrées (cf. les réserves de J. Toutain dans cette Revue, XLV, p. 397-403).

pour les Égyptiens, Dionysos pour les Grecs, et participerait de l'un et de l'autre sous un nom nouveau.

Mais ce nom même, qui fait la personnalité dans les religions polythéistes, ne devait pas être tout à fait nouveau. Il fallait donc emprunter encore le vocable du culte alexandrin à l'onomastique égyptienne. La théorie commode des incarnations et métempsycoses divines laissait sur ce point toute latitude. Osiris, qui avait été à l'origine une personnification du Nil, desséché ou tué annuellement par Sît-Typhon et sans cesse renaissant, était devenu une divinité cosmopolite, une âme divine susceptible d'entrer en combinaison avec les mythes fixés dans les lieux les plus divers. Là où le dieu des vivants était le soleil vivant, Râ, le dieu des morts, l'Osiris, était le soleil éteint, poursuivant sa course sous terre et renaissant en Horos. A Memphis, le grand dieu Phtah s'étant incorporé la personnalité de Hapi (Apis), du Nil tauriforme, considéré comme son œuvre et son hypostase, Osiris était l'Apis mort, le Hesiri-Api (Asar-Hapi, Osar-Hapu, Ὀσορόαπις, Ὀσόραπις, Ὀσίραπις, ὁ Σόραπις, Σορόαπις, Σάραπις, Σέραπις, *Serapis*, *Sirapis*)[1]. Au temps d'Alexandre, Memphis était redevenue, depuis des siècles, la capitale de l'Égypte, et les

1) Τοὔνομα αἰνίττεται τὴν κοινωνίαν τῆς κηδείας καὶ τὴν ἐκ ταφῆς δημιουργίαν, σύνθετον ἀπό τε Ὀσίριδος καὶ Ἄπιος γενόμενος Ὀσίραπις (Athenod. ap. Clem. Alex. *Protrept.*, p. 14 Sylb. = *FHG.*, III, p. 488). C'est l'étymologie que donnaient οἱ πλεῖστοι τῶν ἱερέων (Plut. *Is. et Osir.*, 29). Autre étymologie, traduisant la même idée par substitution du mot grec σορός (cercueil) à Osiris : Apis mort et mis ἐν σορῷ Σορόαπιν κληθῆναι καὶ Σάραπιν (Nymphodor. ap. Clem. Alex. *Strom.*, I, 21, p. 139 Sylb. = *FHG.*, II, p. 380) ; explication reproduite par S. Augustin (*Civ. Dei*, XVIII, 5) et Suidas (s. v. Σάραπις). On rencontre même le nom d'Ὀσόραπις indûment appliqué à l'Apis vivant dans un papyrus du Sérapéum de Memphis (*Gr. Pap. Brit. Mus.*, I, p. 23, XVIII, lig. 23). Plutarque (*loc. cit.*) rejette ces étymologies, avec quelques autres (de σαίρειν ou σεύεσθαι τὸ πᾶν), pour leur substituer un radical égyptien (?) σαίρει = χαρμοσύνη. Les modernes ont multiplié les conjectures, tirées du copte : *Sor-hap* = *manifestans judex* (Fréret), *Sar-api* = colonne de numération ou nilomètre (Jablonski : cf. Suidas, s. v.) ; de l'araméen (ap. Creuzer, p. 219) ou indo-germanique (Tiele) *sarap* = serpent, etc. Voy. ci-après (p. 18, 2 et 3) les étymologies non moins hypothétiques tirées de noms chaldéens. L'orthographe usuelle du nom en grec est *Sarapis* ; mais l'orthographe latine ou gréco-latine *Sérapis* est également autorisée et plus connue.

cultes memphites gagnaient en vogue ce que perdaient les cultes solaires de Thèbes, alors en pleine décadence. Si l'on voulait suivre les préférences populaires et greffer la pousse nouvelle sur la souche la plus vigoureuse, c'est à la capitale égyptienne que la capitale alexandrine devait emprunter sa divinité poliade. Mais la marque hellénique imprimée au dieu alexandrin le transfigura de telle sorte que, la surface cachant le fond sans le faire oublier tout à fait, la coexistence latente de ces disparates perpétua l'incohérence dans les traditions et les conjectures aventureuses dans l'exégèse des antiquaires[1].

Jusqu'ici nous avons suivi le chemin commode tracé par des hypothèses logiquement enchaînées. Dès que l'on cherche à remettre le pied sur le terrain des réalités, on tâtonne dans une obscurité profonde, produite par la végétation de légendes qui recouvre invariablement le berceau des religions et les protège contre les effets désastreux du grand jour. Il en est qui affirment l'origine égyptienne de Sérapis; d'autres, l'origine sémitique; d'autres qui le font de souche hellénique, celles-ci prévalant sur celles-là à mesure qu'on

1) Sur l'origine et la personnalité de Sérapis, cf. P. E. Jablonski, *Pantheon Aegyptiorum*, 3 vol. Francof. ad Viadr., 1750-1752 (I, cap. 5; II, cap. 3). Fr. Creuzer, *Dionysus*, Heidelb., 1809 (Comm. IV. *De Serapide et Baccho Pelasgio*, p. 173-308). J. Guigniaut, *Sérapis et son origine* (Mém. inséré au tome V du Tacite de Burnouf, p. 531-558), Paris, 1828. E. Plew, *De Sarapide*, Regiomont., 1868. *Ueber den Ursprung des Sarapis* (Jahrbb. f. Philol. CIX [1874], p. 93-96). G. Lumbroso, *Ricerche alessandrine* (Mem. d. Accadem. di Torino, XXVII [1873], p. 189 sqq.). J. Krall, *Tacitus und der Orient*. I Theil, *Die Herkunft des Sarapis*, Wien, 1880. A. Bouché-Leclercq, *Hist. de la Divination*, III [1880], p. 377-394. A. Dieterich, *Ueber den Ursprung des Sarapis* (Philologenversammlung in Dresden. Leipzig, 1897, p. 31-33). Les opinions des érudits modernes qui ont pris parti incidemment sur ces questions ont été recensées en dernier lieu par G. Lumbroso (*op. cit.*) et W. Drexler (in *Num. Zeitschr*. XXI [1889], p. 1-5). Les suffrages se comptent par douzaines dans cette espèce de plébiscite concernant : 1° l'étymologie (égyptienne ou sémitique) du nom comme indice de la nationalité; 2° le lieu d'origine, soit du culte, soit de la statue, soit de deux statues, l'une égyptienne (prise en Égypte ou ramenée d'Orient), l'autre hellénique (importée de Sinope ou d'ailleurs), etc. Je ne crois pas utile de dépouiller ici ce scrutin, encombré de bibliographie : il suffira d'indiquer les systèmes autour desquels se rallient les suffrages.

s'éloigne du point de départ, mais obligées de transiger tout au moins sur la question de nom, auquel on ne trouvait pas d'étymologie grecque.

Nous n'avons pas de témoignages historiques remontant au delà du temps d'Auguste, et pas un qui distingue entre le dieu et son image, entre l'institution du culte et l'installation de la statue. Athénodore de Tarse[1], un des précepteurs d'Auguste, croyait savoir que la statue de Sérapis avait été fabriquée, sur commande du fabuleux Sésostris, par un certain Bryaxis, bien antérieur au sculpteur homonyme du IVe siècle. L'artiste y avait employé au moins six métaux et toutes les pierres précieuses de l'Égypte, le tout trituré, cimenté avec une « préparation qui restait des funérailles d'Osiris et d'Apis » et donnant à la statue une couleur sombre. Athénodore, amateur de symboles, comme tous les stoïciens, en parlait à son aise, car la patine bleuâtre empêchait de voir de quelle matière la statue était faite[2]. Le texte ne nous apprend pas en quel endroit Sésostris avait érigé cette statue; mais on ne voit pas pourquoi le conquérant, rentré dans sa capitale, aurait destiné ce chef-d'œuvre au bourg de Rhakotis, un poste de sentinelles et de bergers surveillant une plage mal fréquentée[3]. Nous rencontrons, enregistrée par Tacite[4], une tradition d'après laquelle l'image du dieu Sérapis aurait été amenée de Memphis par Ptolémée III Évergète : il se pourrait que ce fût l'opinion d'Athénodore, qui suppose la statue fabriquée dans la ville où avaient lieu les

1) Athenod. ap. Clem. *loc. cit.* Comme on ne peut pas dater (à quatre siècles près) les morceaux formant la compilation du Pseudo-Callisthène, le témoignage d'Athénodore est pour nous le plus ancien.

2) Σάραπις, οὗ φασι τὸ ἄγαλμα τοῖς ὁρῶσιν ἄδηλον εἶναι οἵας φύσεως ἦν (Eustath. ad Dion. Perieget. 255 = Steph. Byz., p. 571 Meineke). Osiris, dieu chthonien, était μελάγχρους (Plut. *Is. et Osir.* 33), et sa taille réglementaire variait entre huit et neuf coudées (cf. Maspero, *Hist. anc. des peuples de l'Orient classique*, I, p. 173, 2). Plutarque et Tacite parlent seuls des proportions colossales de la statue. Clément emploie indifféremment les expressions ἀνδριάς, ἄγαλμα, βρέτας, et même ξόανον (de même, Suidas, s. v. Σάραπις).

3) Strab., XVII, p. 792.

4) Tac. *Hist.*, IV, 84.

funérailles d'Apis devenu Osiris-Apis. Le Pseudo-Callisthène[1] met d'emblée la statue à Rhakotis, qui devient une « métropole de seize bourgades ». C'est là, au lieu où s'éleva plus tard le Sérapéum d'Alexandrie, qu'Alexandre trouve la statue consacrée par Sesonchosis (Sesostris) au « Président du monde », c'est-à-dire au Sérapis Panthée du temps des Antonins. Clément d'Alexandrie ne connaît pas ou ne mentionne pas la version du Pseudo-Callisthène ; mais il discute celle d'Athénodore, et il juge qu'elle a pour but de « vieillir Sérapis » (ἀρχαΐζειν τὸν Σάραπιν). On voit trop bien, en effet, à quoi vise ce moyen commode de donner un air d'antiquité au culte alexandrin. Ce Bryaxis préhistorique, venu de pays grec pour travailler d'après les procédés usités pour la confection des fétiches et phylactères égyptiens, est d'invention assez maladroite. Le biais imaginé par Athénodore prouve simplement que, de son temps, la statue du Sérapis alexandrin était attribuée au Bryaxis historique, au collaborateur de Scopas.

Sans doute, on pourrait bâtir là-dessus une hypothèse conforme aux habitudes d'esprit que révèlent les cultes antiques. Les Grecs, dans leurs cultes nationaux, ne confondaient pas les représentations artistiques des dieux avec les ξόανα auxquels s'attachait la vénération des fidèles. On pouvait multiplier et varier celles-là à volonté, tandis que le fétiche avait une vertu propre et incommunicable : c'est en lui que la divinité était présente. Il serait donc tout indiqué[2] de supposer

1) Ps.-Callisth., I, 31-33, in *Script. Alex. Magni*, p. 36 Didot, avec description de la statue : assise, tenant de la droite un θήριον πολύμορφον, de la gauche un sceptre, et accostée d'un κόρης ἄγαλμα μέγιστον. C'est bien du Sérapis alexandrin et de son Cerbère qu'il s'agit. Cf. les descriptions de Macrobe (*Sat.* I, 20, 13-16) et les monuments figurés.

2) C'est la solution à laquelle s'arrête A. Michaelis (*Journ. of. hellen. Stud.*, VI [1885], p. 290). Il croit à l'existence d'une « old Egyptian statue of Osiris as lord of the infernal region which had its proper place in the ancient temple of Apis in the Rhakotis ». On a proposé (Klein, S. Reinach) de reconnaître cette statue dans le *colossum Serapis e smaragdo novem cubitorum* qui, au dire d'Apion, se trouvait *in labyrintho Aegypti* (Plin., XXXVII, 75). Il est probable,

l'existence d'une idole égyptienne qui aurait été le véritable objet de culte, l'hypostase matérielle du dieu, alors que la grande statue, le colosse d'art hellénique, n'en était que la représentation idéalisée. Mais il est évident que si Athénodore avait voulu parler d'une statue autre que la statue grecque, il n'aurait pas été obligé d'imaginer un Bryaxis contemporain de Sésostris, et Clément d'Alexandrie se serait lourdement mépris sur sa pensée. Nous n'avons pas le droit de conclure à l'existence de deux statues de Sérapis dans le temple alexandrin d'après des témoignages (celui d'Athénodore et celui du Ps.-Callisthène) qui ont évidemment pour but de faire dater de l'époque pharaonique le type spécial et connu du Sérapis alexandrin. Comme on sait que ce type dérive des créations de Phidias et de Lysippe, il faut convenir qu'Athénodore soutenait une thèse absurde, travestissement d'un fait probablement vrai, à savoir que le culte et le nom de Sérapis étaient venus de Memphis.

Un autre courant de traditions, mis en circulation par les tenants de l'origine hellénique, fait venir l'image du dieu de quelque colonie grecque d'Asie, soit de Sinope, au temps de Ptolémée Soter ou de Philadelphe, soit de quelque autre ville du Pont[1], soit encore de Séleucie sur la côte de Syrie, sous le règne de Ptolémée III Évergète[2]. Tantôt la statue est cédée volontairement, en reconnaissance de subsides envoyés par le roi d'Égypte à un peuple affamé[3] ; tantôt il y a négociation

en effet, qu'Apion, inventeur ou vulgarisateur du Sérapis de Sinope (ci-après), a imaginé cette façon de concilier son système avec la version d'Athénodore et de dérouter ceux qui voudraient chercher la fabuleuse et introuvable statue. Renvoyer à l'*inexplicabilis error* du Labyrinthe (Plin., XXXVI, 87), a bien l'air d'une mystification.

1) Clem. Alex., *loc. cit.* L'analyse faite par Clément est fort décousue. Il distingue, peut-être indûment, entre ceux (οἱ μὲν) qui font venir la statue de Sinope, et ceux (ἄλλοι δὲ) pour qui Sérapis est un Ποντικὸν βρέτας. L'Ἰσίδωρος qui était seul à tenir pour Séleucie doit être Isidore de Charax, contemporain de Strabon.

2) Clem. Alex., *oc. cit.* Tac. *Hist.*, IV, 84.

3) C'est le cas pour Sinope, sous Philadelphe, et pour Séleucie (Clem. Alex. *loc. cit.*) sous Évergète.

à l'amiable ou enlèvement clandestin, ou, comme on le verra plus loin, combinaison des deux procédés. Le dieu grec est identifié, à Alexandrie même, avec le Sérapis égyptien.

Enfin pour achever ce bariolage de discordances, on voit poindre l'amorce d'un troisième système, qui affirme l'origine sémitique du culte de Sérapis. On entend dire qu'au moment où Alexandre était près d'expirer, ses amis avaient consulté pour lui Sérapis en son temple de Babylone, et ce témoignage tire une valeur singulière de la source à laquelle Plutarque et Arrien disent l'avoir puisé, laquelle source serait les Ἐφημερίδες royales, le Journal officiel du règne d'Alexandre[1].

La preuve est faite que, au temps d'Auguste, on ne savait déjà plus quand et comment avait été institué le culte de Sérapis. L'imagination populaire, mère féconde des légendes, s'était chargée d'obscurcir à souhait la délicate et importune question des origines, et les érudits choisissaient au hasard ce qui s'accordait le mieux avec leurs idées préconçues. Ce qui domine aujourd'hui le débat, c'est la version que l'accord approximatif de Plutarque et de Tacite[2] a mise au premier plan et qui — sauf variante chronologique — a paru aussi la plus vraisemblable à Clément d'Alexandrie.

D'après Tacite, au temps où Ptolémée Soter « donnait à la nouvelle ville d'Alexandrie des murailles, des temples et un culte, il vit en songe un jeune homme d'une beauté merveilleuse et d'une taille plus qu'humaine[3], qui l'avertit d'envoyer dans le Pont les plus sûrs de ses amis pour y chercher son image » et remonta au ciel dans un tourbillon de feu. Ptolémée consulte sur cette vision d'abord les prêtres égyptiens,

1) Plut. *Alex.* 76. Arrian. *Anab.*, VII, 26.

2) Plut. *Is. et Osir.*, 28. *Sollert. anim.*, 36. Cf. G. Parthey ad Plut. *op. cit.*, p. 213-217. Tac. *Hist.*, IV, 83-84.

3) Le modèle étant *majore quam humana specie*, Tacite sous-entend que l'image l'était aussi. C'est l'équivalent du κολοσσός de Plutarque. Mais Tacite oublie trop que Sérapis, assimilé à Zeus, à Hadès, à Asklépios, est un type barbu, de virilité mûre. Le dieu qu'Apollon appelle son père (*simulacrum patris*) n'est pas un *juvenis*.

qui, ne connaissant pas le Pont, restent perplexes ; puis l'Eumolpide Timothée, qu'il avait fait venir d'Éleusis pour instituer à Alexandrie une succursale des Mystères. Timothée s'informe et apprend l'existence à Sinope d'une statue de Zeus Hadès (*Jovis Ditis*) flanqué d'une figure de femme que la plupart appelaient Proserpine ». Il en conclut que c'est là le dieu cherché. Mais Ptolémée, versatile « comme sont les rois », oublie ce qui l'avait effrayé et ne cède qu'à un second avertissement, accompagné cette fois de menaces terribles. Il envoie donc au roi ou dynaste de Sinope, Scydrothémis[1], des ambassadeurs qui passent par Delphes[2] et reçoivent d'Apollon le conseil « de rapporter la statue de son père et de laisser celle de sa sœur ». Plutarque, allégé de toute cette rhétorique, dit simplement que « Ptolémée vit en songe le colosse de Pluton qui était à Sinope », mais dont il ne soupçonnait pas l'existence, et que le dieu lui ordonna de transporter son image au plus vite à Alexandrie. Un voyageur du nom de Sosibios le tira d'embarras en lui apprenant que le colosse vu en songe existait réellement à Sinope. Sur ce, Ptolémée dépêche à Sinope deux hommes de confiance, Sotélès et Denys, avec mission de rapporter la statue et toute liberté sur le choix des moyens. Éprouvés par une tempête à laquelle ils ont miraculeusement échappé, grâce à un dauphin, les deux envoyés consultent l'oracle de Delphes. Apollon leur dit d'emporter la statue de Pluton, mais de laisser la statue de Koré, après en avoir pris une empreinte (ἀπομάξασθαι[3]).

1) D'après Krall (*op. cit.*, p. 28, 92), Scydrothémis répond au persan Skudratak'ma. Cf. Citratak'ma dans l'inscription de Behistan. Le personnage, inconnu d'ailleurs, pourrait n'être pas légendaire.

2) Dureau de la Malle, qui copie Dotteville, fait consulter *Pythicum Apollinem* à Délos (!). C'est le cas de répéter : *traduttore traditore*.

3) Plut. *Sollert. anim.*, 36. Il y a là une indication intéressant la technique de la statuaire, indication dont la valeur est mise en lumière par S. Reinach, *Le moulage des statues et le Sérapis de Bryaxis* (Rev. Archéol., XLI [1902], p. 5-21). L'initiative que veut bien m'attribuer mon aimable et scrupuleux confrère se réduit à avoir vaguement soupçonné que la statue de la déesse parèdre de Sérapis avait été non pas importée, mais copiée à Alexandrie d'après un moulage. Voy. ci-après, p. 28. Cette histoire du moulage a été relatée (ou in-

A Sinope donc, d'après Tacite, le roi Scydrothémis, alléché par les présents offerts, mais intimidé par les protestations du peuple, hésite trois ans durant, en dépit des surenchères ; si bien que le dieu lui apparaît et le menace à son tour des pires châtiments. Le peuple résistant encore, des fléaux se déchaînent ; mais la statue met fin au débat en allant se placer d'elle-même à bord de la flotte égyptienne, qui, trois jours après, entrait dans le port d'Alexandrie. Plutarque n'est pas si prodigue de miracles : il pense que, las d'attendre, Sotélès et Denys finirent par enlever subrepticement le colosse, « non sans le concours d'une providence divine », c'est-à-dire, en langage plus moderne, avec la connivence du roi que connaît Tacite. D'après Plutarque aussi, c'est en examinant la statue que « Timothée l'exégète et Manéthon le Sébennyte » établissent leur diagnostic. Ils reconnaissent, d'après son Cerbère et son dragon[1], que c'est une statue de Pluton, et « ils persuadent à Ptolémée qu'elle ne peut représenter un autre dieu que Sarapis[2]. Ce n'est pas, en effet, sous ce nom qu'il était venu ; mais c'est une fois arrivé à Alexandrie qu'il reçut le nom de Sarapis, qui est celui de Pluton chez les Égyptiens ». Tacite fait plus de concessions encore à la tradition égyptienne : suivant lui, le nouveau temple fut édifié à Rhakotis, sur l'emplacement d'un « sanctuaire anciennement consacré à Sérapis et Isis ».

Les lignes essentielles de ce petit roman se retrouvent dans le canevas esquissé par Eustathe, probablement d'après Estienne de Byzance[3]. La dose de merveilleux y est encore augmentée; car on n'a plus besoin d'enquête préalable. Le

ventée) pour expliquer pourquoi l'Isis associée à Sérapis ne ressemblait pas tout à fait soit à la Perséphone ou Koré de Hadès, soit à Hygie.

1) Le Cerbère tricéphale (chien, lion, loup) avec le serpent enroulé autour du corps (cf. Macrob., *Sat.* I, 20, 13-14) accompagne ordinairement le Sérapis assis (Michaelis, *op. cit.*, p. 292).

2) Plutarque (*De Isid. et Osir.*, 27) cite l'opinion conforme d'Héraclide de Pont et Archémachos d'Eubée, contemporains des premiers Ptolémées.

3) Cf. ci-dessus, p. 12, 2.

génie qui apparaît à Ptolémée lui ordonne d'aller le chercher avec un navire. Le navire prend le large, à l'aventure, et aborde en Phocide, d'où l'oracle d'Apollon l'adresse à Sinope.

Plutarque et Tacite s'accordant sur le fond, on a pensé qu'ils ont dû puiser à une source commune, et que cette source pouvait être Manéthon lui-même, l'homme le mieux placé pour connaître l'agencement du drame où il avait joué un rôle[1]. On a cru tenir le rapport officiel, fixant la vérité légale. Comme, d'autre part, les *Éphémérides* d'Alexandre étaient aussi un document officiel, le problème à résoudre était de concilier ces deux traditions et d'établir une série de rapports plausibles entre Babylone, Sinope et Alexandrie. Le système le plus simple — débarrassé d'une importation préhistorique de l'Osiris-Apis memphite à Babylone — consiste à considérer Sérapis comme un Baal sémitique, importé de Babylone à Sinope, et de là, sous une forme déjà hellénisée, à Alexandrie. C'est le système ébauché par Plew, achevé par Krall, et dont voici l'analyse sommaire.

Le dieu consulté à Babylone par les amis d'Alexandre doit être un dieu chaldéen dont le nom ou le surnom avait quelque ressemblance avec le nom de Sérapis, par exemple, Bel-*Zirpou*[2], à qui Nebucadnezar avait élevé un temple dans la ville de Baz. Le culte de ce dieu a dû se répandre dans les possessions de l'empire assyro-chaldéen; et c'est ainsi qu'il a été importé à Sinope. On ne conteste plus guère, depuis Movers[3], que la colonie de Sinope, fondée au VIIIe siècle par

1) Krall (*op. cit.*, p. 9) est convaincu que l'*antistes Aegyptiorum* de Tacite (Tacite dit plus vaguement encore : *Aegyptiorum antistites sic memorant*) est bien Manéthon. Plutarque n'indique pas ici (c. 28) d'auteur responsable.

2) Rawlinson, *Herodotus*, I, p. 526. Autres étymologies alléguées depuis en faveur du système : Ilou ou Bel *Sharrapou* ou *Zarbou* (Fr. Delitzsch, cité par Wilcken in *Philologus*, LIII [1894], p. 119, 1) ; Ea, surnommé *Sar-Apsi* ou « roi de l'Océan » (C. F. Lehmann in *Zeitschr. f. Assyriol.*, XII [1897], p. 112).

3) Movers, *Phönizier* (I. Bonn, 1841 ; II. Berlin, 1849-1850. Cf. Th. Streuber, *Sinope*. Basel, 1855). Movers supposait une divinité éponyme de Sinope (Abd-sanab = Sanape), Sanapis, dont le rhotacisme aurait fait Sarapis. C'est à

les Milésiens, ait été superposée à un établissement antérieur, fondé par les Assyro-Chaldéens. C'est donc le Baal oriental qui s'est transformé à Sinope en Hadès ou Zeus-Hadès[1]. Ptolémée Soter, conseillé par Manéthon, étant en quête d'une divinité assimilable à l'Asar-hapi de Memphis, eut l'idée de s'adresser à Sinope. En ce qui concerne Sinope, il avait pu être renseigné par sa fille Arsinoé, femme de Lysimaque. Celle-ci tenait de son époux une principauté qui avait pour centre Héraclée du Pont et touchait aux limites du territoire de Sinope. Son ambition menaçait même l'indépendance de Sinope, et les Sinopiens avaient des raisons d'être complaisants pour Ptolémée, lorsque celui-ci leur demanda de lui céder leur statue. Cette explication, valable pour Ptolémée Soter, ne l'est pas moins pour Philadelphe, au temps où Arsinoé était devenue reine d'Égypte. En résumé, d'après ce système, le Sérapis alexandrin est un dieu asiatique, qui se trouvait déjà mêlé à l'histoire de l'œkiste de la cité et venait de Babylone, par un détour, rejoindre Alexan-

Sinope (Sanape ou Sanope) que les Babyloniens, d'une part, les Alexandrins, de l'autre (cf. Canope), ont emprunté leur culte. Movers opère à la façon des géomètres. Il pose une pointe du compas sur Sinope et fait passer la circonférence par Babylone et Alexandrie. Streuber dérive Sinope de Sin, le dieu lunaire chaldéen, et fait de Sérapis un Baal de la localité. Il rappelle que les ἀπαρχαί hyperboréennes destinées à l'Apollon de Délos passaient par Sinope (Paus., I, 31, 2). L'origine assyro-chaldéenne de Sinope est fort contestable : les prétendus Assyriens étaient des Λευκόσυροι (*FHG.*, II, p. 348), c'est-à-dire des Cappadociens. Abd-sanab sur les monnaies de Sinope est une fausse lecture pour Abrocomas (E. Babelon, *Les Perses Achéménides* [Paris, 1893], p. LXXX).

1) *Sinopen, nec procul templum vetere inter accolas fama Jovis Ditis* (Tac. *Hist.*, IV, 83). Ζεὺς Σινωπίτης (Eustath. *loc. cit.*). On ne connaît ce Zeus-Hadès de Sinope que par la légende alexandrine, de sorte que son existence même peut être révoquée en doute. Krall gâte sa démonstration en y faisant entrer une prétendue consultation de Sérapis *a Nicocreonte Cypriorum rege* (Macr. *Sat.* I, 20, 16-17). Le texte de Macrobe est un anachronisme manifeste, et l'oracle qu'il rapporte une fabrication de basse époque. Krall en conclut que le Sérapis chaldéen avait été importé à Cypre avant 310, avant qu'il n'entrât à Alexandrie. Il me semble que, si Ptolémée avait eu sous la main à Cypre un Sérapis, il n'aurait pas eu besoin de l'aller chercher à Sinope, et, en tout cas, la légende ne le représenterait pas comme ignorant totalement la personnalité du dieu qui lui apparaît en songe.

dre à Alexandrie, vers la fin du règne de Ptolémée Soter. Philadelphe aurait réparé par des présents la violence faite aux Sinopiens et obtenu d'eux une cession régulière, qui fit du dieu transplanté un dieu alexandrin. Quant à la tradition, représentée par le témoignage unique d'Isidore, qui faisait venir la statue de Sérapis de Séleucie sur l'Oronte, au temps de Ptolémée III Évergète, elle peut n'être qu'une induction tirée du fait que ce roi fut à un certain moment maître de la Syrie et qu'il passait pour avoir rapporté de l'Orient les dieux nationaux emportés jadis par les conquérants de l'Égypte. Ce témoignage isolé se trouve ainsi expliqué et écarté du même coup[1].

Le système est habilement agencé : il est même difficile de faire mieux pour combiner les textes et intercaler Sinope entre Babylone et Alexandrie. Mais le postulat sur lequel il repose, l'origine chaldéenne de Sérapis, ou plutôt, l'importation d'une divinité sémitique en Égypte par un Ptolémée, est de ceux que l'on ne peut accepter qu'à défaut de toute autre explication. D'après ce qui a été dit plus haut, la tâche de Ptolémée était de trouver un culte égyptien, déjà accepté par les Égyptiens, et susceptible de prendre une forme grecque. On peut et on doit considérer comme un fait acquis, implicitement reconnu même par les tenants de l'origine hellénique[2], que le culte de Sérapis est celui de l'Osiris memphite, emprunté à Memphis, implanté artificiellement à Alexandrie et adapté aux habitudes grecques par une transaction voulue entre deux théologies, celles-ci représentées par Manéthon et Timothée.

1) Krall (p. 22) pense que Ptolémée III a pu, en effet, rapporter « une image quelconque du Sarapis égyptien », probablement celle dont parlent Athénodore et, suivant la même veine d'hypothèses (ci-dessus, p. 13, 1), Apion.

2) Cf., ci-dessus, les témoignages de Nymphodore, Athénodore, Tacite, Plutarque, et les débris de traditions échoués dans Suidas (s. v. Σάραπις). Sérapis est le Nil (c'est-à-dire Apis) ou le tombeau d'Apis (σορὸς Ἄπιδος), d'un Apis dont les évhéméristes avaient fait un roi memphite, bienfaiteur des Alexandrins. Enfin, Pausanias affirme nettement l'antériorité du Sérapéum de Memphis, ἐπιφανέστατον μὲν Ἀλεξανδρεῦσιν, ἀρχαιότατον δὲ ἐν Μέμφει (I, 18, 4).

Pour éliminer l'étape de Babylone, donnée comme initiale; point n'est besoin de récuser le témoignage des *Éphémérides*. Il suffit de s'en tenir à l'explication donnée par Krall. Il y avait à Babylone une divinité dont le nom ressemblait à celui de Sérapis, et qui, une fois la renommée de Sérapis comme dieu médecin dûment établie, — ce qui était le cas au temps de Plutarque et d'Arrien, — a été confondue avec lui. Aucune autre conclusion ne s'impose : cette fausse piste ne mène pas plus loin. Intercaler Sinope entre Babylone et Alexandrie était déjà un singulier détour; entre Memphis et Alexandrie, cela devient inintelligible [1]. On a cherché, et avec succès, cette mystérieuse Sinope du côté de Memphis. Le Pseudo-Callisthène raconte comment les Égyptiens furent renseignés sur le sort de Nectanébo fugitif par ὁ ἐν ἀδύτῳ τοῦ Σεραπείου θεός, auquel les avait adressés Héphæstos (Phtah), en les envoyant πρὸς τὸ ἀόρατον [ἄδυτον] τοῦ Σινωπίου. Un texte de Denys le Périégète, décrivant « la ville macédonienne, où s'élève le palais du grand Zeus Sinopite » fournit l'occasion à son commentateur de relater les opinions émises à propos de cette épithète. En tête figure celle-ci : « Zeus Sinopite ou Memphite : car Sinopion est une colline de Memphis [2] ». Ce rapprochement bizarre avait attiré l'attention de Jablonski et de Guigniaut. Le premier y voyait une explication possible [3]; l'autre « une conjecture assurément fort plausible et séduisante pour la critique », une « révélation soudaine, qui mettant en lumière un fait inconnu, nous montre dans un mot, dans le nom de *Sinopion* ou *Sinopienne*, donné sans doute en égyptien à la montagne des sables près de laquelle s'élevait le temple de Sérapis, le vrai secret de la légende

1) Je trouve plus ingénieuse que plausible la conjecture de S. Reinach *op. cit.*, p. 19), qui, tout en acceptant l'assimilation *Sen-hapi* = Sinope, a recours à la Sinope du Pont pour expliquer l'intervention de Sésostris (cf. Herod., II, 102-102) dans la version d'Athénodore. Athénodore, qui parle de Sésostris, ne dit mot de Sinope, et la tradition qui vise Sinope exclut Sésostris.

2) Σινωπίτης δὲ Ζεὺς ἢ ὁ Μεμφίτης· Σινώπιον γὰρ ὄρος Μέμφιδος (texte d'Estienne de Byzance, visé plus haut, p. 12, 2 et 17, 3).

3) Jablonski, *op. cit.*, I, p. 233-234.

suggérée à la vanité grecque par le rapport fortuit de ce nom avec celui de la ville de Sinope[1] ». L'argument étymologique que soupçonnait Guigniaut a été apporté par Brugsch[2]. Le nom de Σινώπιον, donné à la colline qui portait le Sérapéum de Memphis, paraît bien être une déformation de *Se-n-Hapi*, la « demeure de Hapi ». Dès lors, il y a place pour deux hypothèses. Ou bien, l'histoire de l'importation par Sinope est une pure légende, bâtie après coup sur la similitude de noms; ou bien cette similitude a servi de prétexte à Ptolémée pour s'adresser à Sinope. On voit bien que Guigniaut préférerait la première hypothèse; mais l'autorité de Plutarque, de Tacite, de Clément d'Alexandrie et autres[3], le décide à proposer la seconde.

Celle-ci a contre elle le silence, et plus que le silence, des auteurs antérieurs à Plutarque. On a vu qu'Athénodore n'y fait aucune allusion et qu'il expose un système contraire. Strabon ne la connaît pas davantage : il parle assez longuement de Sinope et de l'oracle d'Autolycos, d'une part, du Sérapis alexandrin et de l'oracle sérapique de Canope, d'autre part[4], sans soupçonner un lien quelconque entre ces deux thèmes du roman reproduit par Plutarque et Tacite. Son contemporain Isidore de Charax, qui faisait venir la statue de Séleucie, ne paraît pas non plus avoir eu à choisir entre Séleucie et Sinope. Ce silence est bien extraordinaire, si le récit concernant Sinope avait Manéthon pour auteur et pour garant. Il y a donc bien des chances pour que ce récit ait séduit Plutarque et Tacite par sa nouveauté même[5], comme étant le dernier mot de la critique historique sur une question controversée. Or, nous rencontrons précisément, entre

1) Guigniaut, *op. cit.*, p. 535-539.

2) H. Brugsch, *Geogr. Inschriften*. I. *Das alte Aegypten* (Leipzig, 1857), p. 240.

3) Cf. Origen. *C. Cels.*, V, 38. Theophil. Antioch., *Ad Autolyc.*, I, 9; Cyrill. Alex. *In Julian.*, I, p. 13.

4) Strab., XII, p. 545-546; XVII, p. 795, 801, 803, 807.

5) Tacite est bien aise de faire savoir qu'il est le premier à traiter le sujet en latin : *Origo dei nondum nostris auctoribus celebrata*. On peut dire sans irrévérence que le sens critique n'est pas sa qualité maîtresse.

le temps de Strabon et celui de Plutarque, un charlatan d'érudition que Tibère appelait ironiquement la « cymbale du monde[1] », le grammairien Apion d'Alexandrie ; et nous savons que ce personnage, qui avait des solutions originales pour tous les problèmes, avait écrit cinq livres d'Αἰγυπτιακά. Il y a fort à parier que nous tenons là l'auteur du petit roman qui a fait depuis une si belle fortune. Le Σινώπιον ὄρος de Memphis a pu fournir à ce fabricant d'inédit le point de départ de sa découverte. Le reste, le songe, la consultation de l'oracle, le trajet miraculeux, étaient des recettes d'usage banal. Le merveilleux convenait au goût de l'époque, et il n'était nulle part mieux à sa place que dans une négociation où le dieu faisait lui-même ses propres affaires. Apion n'avait pas à redouter de démentis venant de Sinope, car il eût été difficile de prouver que le Zeus-Hadès qui n'était plus à Sinope n'y avait jamais été[2], et il était assuré d'avoir du succès à Alexandrie, les Alexandrins devant être flattés de penser que leur dieu, émigré volontaire[3], avait préféré leur société à toute autre[4]. On comprend que, en présence de plusieurs on-dit, Plutarque et Tacite aient opté pour la ver-

1) Plin. *H. Nat.* Praef. 35. *Apion grammaticus, qui sub C. Caesare tota circulatus est Graecia* (Senec. *Epist.* LXXXVIII, 34) : ὀχλαγωγὸς πονηρός (Joseph. *C. Apion.* II, 12). Sur les Αἰγυπτιακά d'Apion comme source de Plutarque, cf. M. Wellmann in *Hermes*, XXXI (1896), p. 250 sqq. Fragments dans *FHG.*, III, p. 506-516. Ce sont des contes bleus, qui témoignent de l'aplomb du personnage.

2) Diogène le cynique étant de Sinope, on supposa qu'il connaissait déjà Sérapis ; de là son mot aux Athéniens : χαμαὶ Σάραπιν ποιήσατε (Diog. L., VI, 63). C'est un rapport imaginé après coup, peut-être par Apion.

3) Σάραπιν τὸν ἀπὸ Σινώπης φυγάδα (Theophil., *loc. cit.*).

4) Ces histoires de dieux qui demandent à changer de résidence ou qui, déplacés contre leur gré, exigent leur réintégration, se multiplient par la suite. C'était un thème employé par les sophistes pour chatouiller l'amour-propre des villes choisies par ces dieux. C'est ainsi qu'au dire de Libanius (*Orat.* XI, Ἀντιοχικός, p. 306-7 Reiske), l'Artémis d'Antioche, emportée par Ptolémée (Évergète), se fit réintégrer à coup de miracles, comme fit plus tard le Zeus Kasios, emporté par les Romains. Les dieux cypriotes, désireux d'émigrer à Antioche, vont jusqu'à collaborer à une supercherie. Ils laissent à leur place des copies miraculeusement ressemblantes. Et toujours le songe et le miracle pour manifester la volonté des dieux.

sion toute neuve du savant alexandrin. Nous pouvons donc nous arrêter à la solution entrevue par Jablonski et Guigniaut, adoptée sans réserve par Letronne [1], reprise depuis par Lumbroso [2], à savoir que l'origine sinopienne du Sérapis alexandrin est un conte étymologique, fondé uniquement sur le rapprochement *Sen-hapi* = Sinope. Elle n'a été réfutée ni par la fin de non-recevoir que lui oppose Plew [3], ni par le dédain de Krall, qui n'a même pas jugé à propos de la mentionner.

Toutes les légendes écartées, reste le fait matériel, l'existence à Alexandrie d'une statue que la majorité des témoignages s'accordent à dire importée du dehors. Il n'y a aucune raison de contester la thèse de l'importation. Un culte nouveau ne se fonde pas sans une certaine dose de miracles. Il y faut du mystère, et, pour produire la somme de merveilleux qui s'amasse spontanément sur les choses antiques, la distance pouvait seule remplacer le temps. *Major e longinquo reverentia.* Le nom de Bryaxis, jeté dans le débat par Athénodore, montre qu'une tradition, dont Athénodore cherchait à se débarrasser en la défigurant, attribuait la statue au contemporain de Scopas. C'est une indication à retenir, encore qu'elle ne puisse servir à élucider la question du lieu d'origine, car le sculpteur a pu travailler en divers lieux, et même, en lui supposant une vie assez longue, à Alexandrie.

A la question : d'où venait la statue grecque de Sérapis ? il n'y a qu'une réponse acceptable *a priori*. Elle a été importée d'une ville grecque possédant un culte analogue à celui de Sérapis. Préciser davantage est impossible. Cette face du problème ne comporte que des solutions hypothétiques, et l'on pourrait dire que rien ne répond mieux aux intentions des fondateurs du culte alexandrin. Si l'on renonce, pour les

1) Letronne (*Rech. sur les fr. d'Héron d'Alex.* 1851, p. 210, 3) appelle la version de Tacite « un conte absurde », né du quiproquo Sinopion = Sinope.

2) Lumbroso, *Ricerche alessandrine* (op. cit. ; cf. *supra*, p. 11, 1).

3) Plew, *Ueber d. Urspr. d. S.* (cf. *supra*, p. 11, 1) récuse purement et simplement l'assertion d'Eustathe, et insiste sur l'autorité des *Éphémérides*.

raisons que nous avons dites, à chercher du côté de Sinope, les textes n'indiquent qu'une autre voie, celle qui commence ou qui passe à Séleucie sur l'Oronte. D'après Isidore, les habitants de Séleucie, « nourris par Ptolémée durant une famine », lui auraient cédé leur statue. Ce motif déterminant a été introduit aussi dans le roman de Sinope par des gens qui trouvaient sans doute trop forte la dose de merveilleux contenue dans les récits de Plutarque et de Tacite. Mais cette retouche en entraînait une autre : c'est sous Philadelphe seulement que le roi d'Égypte eut intérêt, au cours des « guerres de Syrie », à rechercher l'amitié des villes du Pont[1]. C'est donc à Philadelphe que les Sinopiens avaient envoyé leur statue en guise de remerciement (χαριστήριον)[2]. Quant aux Séleuciens, Tacite dit expressément que l'on rapportait le fait au règne de Ptolémée III Évergète, qui est, en effet, le seul Lagide ayant pu jouer en Syrie le rôle de maître ou de bienfaiteur. Toutes ces combinaisons laissent le critique perplexe. Le motif allégué est suspect d'exagération, car, à moins de blocus complet, la famine ne s'attaque guère aux ports de mer[3]; mais c'est un détail accessoire et négligeable. La date représentée par le roi importateur mérite plus d'attention[4].

Nous ne savons à peu près rien sur la date de la construction du Sérapéum alexandrin. En fait de travaux publics, Ptolémée Soter a dû pourvoir d'abord au nécessaire. Il a pu projeter et même commencer la construction du Sérapéum; mais il est probable que le temple n'a été dédié que sous Philadelphe. C'est alors seulement que, la maison étant prête, son hôte divin put venir l'habiter. Ainsi, il y a une part de vérité dans la tradition qui attribue l'institution du culte

1) Philadelphe (vers 259) fait don aux Héracléotes de 500 artabes de blé (Memnon, 25 = *FHG.*, III, p. 538); de blé, argent et armes aux Byzantins (Dion. Byz. fr. 41).

2) Clem. Alex., *loc. cit.*

3) C'est cependant Rhodes que Cicéron (*De Off.*, II, 12) représente comme souffrant *inopia et fame*, en attendant les blés d'Alexandrie.

4) Les chronographes datent l'importation de Ol. 125, 3 = 278 a. Chr. (Euseb. Arm.); de Ol. 123, 1 = 288 (Hieronym.); de Ol. 124, 1 = 284 (Cyrill. Alex.).

sérapique à Ptolémée Soter et dans celle qui rapporte au règne de Philadelphe l'importation de la statue. La distinction que ne font jamais nos textes, entre la religion et la statue de Sérapis, est ici nécessaire. Ptolémée Soter a fort bien pu élaborer le projet raisonné dont nous avons cru pouvoir lui attribuer l'initiative, décider l'importation et l'adaptation du culte memphite, et remettre à plus tard l'inauguration du symbole plastique qui donnerait un corps grec à cette âme égyptienne. C'est sous le règne de Philadelphe que le protectorat égyptien s'est étendu, aux dépens des Séleucides, sur une grande partie du littoral de l'Asie-Mineure. Que l'on suppose ce roi à la recherche de la statue qui devait entrer dans le temple tout neuf, le jour de la dédicace, apparaissant au peuple émerveillé comme un hôte venu à point nommé de régions inconnues, par un effet de sa volonté et pour ainsi dire de son propre mouvement. Il ne lui fut pas difficile, une fois son choix fixé, de réaliser son dessein. Son opulence était proverbiale, et il savait en user. Le marché n'étant pas, en somme, des plus honorables pour les vendeurs, ceux-ci avaient autant d'intérêt que l'acheteur à ne pas l'ébruiter. Que la statue ait été achetée aux Séleuciens, c'est tout à fait improbable. Séleucie était une ville toute neuve, plus neuve même qu'Alexandrie, et une petite ville : ce n'est pas elle évidemment qui avait commandé un « colosse » à un sculpteur quelconque. Admettons que ce sculpteur ait été Bryaxis[1]. Pline ne semble pas se douter que Bryaxis fût l'auteur du Sérapis alexandrin, dont, au surplus, il ne s'occupe pas. Il ne connaît d'autre Sérapis qu'une fabuleuse statue en émeraude de neuf coudées de haut, placée dans le légendaire Labyrinthe, et la statue de Memnon à Thèbes[2]. Mais il attribue à Bryaxis[3] cinq colosses de dieux commandés par les Rhodiens et un Asklépios de bronze, probablement distinct du groupe

1) C'était évidemment l'opinion commune au temps d'Athénodore, et aucune objection sérieuse n'est venue l'infirmer depuis.

2) Plin., XXXVI, 58.

3) Plin., XXXIV, 42 et 73.

d'Asklépios et Hygie, œuvre du même Bryaxis, que Pausanias a vu à Mégare [1]. On sait, d'autre part, à quel point l'Asklépios assis, trônant le sceptre à la main, le dragon à ses pieds et le chien à son côté, tel que le représentait à Épidaure la statue chryséléphantine de Thrasymède [2], ressemblait au Zeus Olympien, et combien fut étroite, au point de vue religieux comme au point de vue plastique, l'affinité de Sérapis et d'Asklépios. Même affinité, au double point de vue, et plus étroite encore, si possible, entre le type de Sérapis et celui de Hadès. Le culte d'Asklépios avait un centre renommé à Cos, le pays natal de Philadelphe, une île qui était pour ainsi dire à la discrétion des premiers Lagides. Le culte de Hadès n'était nulle part plus répandu qu'en Asie-Mineure, où des oracles oniromantiques s'étaient installés à l'ouverture des soupiraux d'enfer (Χαρώνεια-Πλουτώνια), surtout dans la vallée du Méandre, à Acharaca, Limon, Hiérapolis, Magnésie, Myonte, etc. On rencontre encore des traces du culte de Hadès à Aphrodisias, à Cnide, à Érythræ [3]. Tous ces cultes sont disséminés sur les côtes de Carie et d'Ionie, celles-ci en relations perpétuelles avec l'Égypte.

On a là un champ largement et légitimement ouvert aux conjectures. Que Bryaxis ait destiné à Cos un Asklépios digne de rivaliser sur celui de Thrasymède, ou un Hadès à quelque Plutonium asiatique, la statue a pu être acquise et transportée à Alexandrie sous un nom nouveau [4]. Il y a au moins deux raisons pour préférer l'hypothèse d'un Asklépios. La première, c'est que nous ne connaissons pas l'âge des

1) Pausan., I, 40, 6.

2) Pausan., II, 27, 2. Cf. Thraemer, art. *Asklepios* in Roschers *Lexicon*, I, p. 615-641, et *R.-E.* de Pauly-Wissowa, II, p. 1642-1697. M. Collignon, *Hist. de la sculpture grecque*, II, p. 185-186.

3) Cf. Strab., XII, p. 579; XIV, p. 636, 649. A. Bouché-Leclercq, *Hist. de la Divin.*, II, p. 373-376. Chr. Scherer, art. *Hades* in Roschers *Lexicon*, I, p. 1778-1811. Les statues d'Hadès trônant (*ibid.*, p. 1803-1806).

4) Si l'on veut concilier le plus de textes possible, on peut imaginer que la statue, d'où qu'elle vînt, fut embarquée à Séleucie, soit pour cacher sa véritable origine, soit pour diminuer les chances de naufrage en abrégeant la raversée.

cultes plutoniens en Asie, tandis que le culte d'Asklépios à Cos est certainement de beaucoup antérieur au siècle d'Alexandre. La seconde, c'est l'histoire du moulage soi-disant fait à Sinope. Ce détail caractéristique n'aurait pas été inventé, même par un Apion, si l'on n'avait su que le Sérapis et l'Isis n'étaient pas de la même main. Il est probable que, si l'achat avait porté sur un groupe, Hadès et Koré, ou Asklépios et Hygie, on n'aurait pas disjoint les parèdres. Étant donné, au contraire, un Asklépios isolé, comme celui dont parle Pline, il fallut lui adjoindre, comme parèdre, à Alexandrie même, une Isis[1], qui fut calquée sur le type de Koré. A trois siècles de distance, alors que ces faits, enveloppés dès l'origine dans une ombre voulue, n'avaient plus laissé que de vagues réminiscences délayées dans toute espèce de légendes, Apion les coordonna à sa façon. Il en fit le roman dont la donnée principale lui fut suggérée, à lui « grammairien », par une étymologie, celle du Σινώπιον ὄρος dérivé de Sinope.

En résumé, de ce nid d'hypothèses, je crois avoir mis au premier plan les plus plausibles; mais le mystère continue à planer sur les origines, sinon du culte, du moins du type plastique intronisé à Alexandrie et sur la date de son entrée triomphale.

Le succès de ces pieuses machinations est attesté par l'expansion du culte alexandrin[2]. Sérapis, associé à Isis, donna de sa puissance les preuves que réclame la logique populaire : il fit des miracles, et des miracles utiles. Ses temples devinrent des oracles médicaux, où les cures se multiplièrent. Il sut trouver, dès le début, des clients illustres, qui vantèrent sa gloire et sa bonté. On rapporte que Démétrios de

1) Sérapis πολιοῦχος θεὸς ἅμα τῇ παρέδρῳ κόρῃ καὶ τῇ βασιλίδι τῆς Αἰγύπτου πάσης Ἴσιδι (Julian. *Epist.*, 51).

2) Sur le sujet, voy. G. Lafaye, *Histoire du culte des divinités d'Alexandrie hors de l'Égypte*. Paris, 1883. W. Drexler, *Der Isis und Sarapiscultus in Kleinasien* (Num. Zeitschr., XXI [1889], p. 1-234). *Der Kultus der ägyptischen Mythologie in den Donauländern* (in *Myth. Beiträge*. Wien, 1890). On remarquera que les plus anciennes monnaies de Sinope à l'effigie de Sérapis datent du règne d'Hadrien (Drexler, p. 5).

Phalère, devenu aveugle, recouvra la vue par la grâce de Sérapis et composa en l'honneur du dieu des péans, qui, ajoute Diogène Laërce, « se chantent encore »[1]. Les poètes de la cour durent approvisionner d'hymnes liturgiques le cérémonial du nouveau culte, et lui composer un « office » digne de la beauté que le dieu devait au ciseau du sculpteur.

Ce n'est pas ici le lieu de rechercher si le Sérapis hellénisé fut aussi bien accueilli dans la vieille Égypte. Macrobe assure que le culte « à la mode des Alexandrins » fut imposé aux Égyptiens « par la tyrannie des Ptolémées[2] », et il se pourrait qu'il y ait eu des résistances de la part du clergé indigène, protestant contre l'intrusion d'une religion faite pour les Alexandrins. L'assertion de Macrobe, fondée sur la prétendue horreur des Égyptiens pour les sacrifices sanglants, est dépourvue d'autorité. Il est cependant probable que les prêtres de Memphis ne virent pas sans dépit un Sérapéum grec s'accoler à leur antique *Se-n-hapi*[3], et les quarante-deux temples élevés sur sol égyptien à Sérapis[4] firent un peu oublier les anciens dieux. Mais ce fut l'œuvre des siècles suivants. Au temps des premiers Ptolémées, il n'était pas question de propagande. Le but immédiatement visé paraît avoir été atteint. A Alexandrie, Hellènes et Égyptiens purent vénérer la même divinité poliade, dont la personnalité s'accommodait de toutes les théologies. Les esprits de sens rassis ont peine à suivre le travail d'assimilation qui permit à chaque peuple, et pour ainsi dire, à chaque individu, de reconnaître son idéal divin ou son dieu préféré dans Sérapis. Le dieu alexandrin, Osiris pour les Égyptiens, fut à volonté Zeus, Pluton, Dionysos, Asklépios pour les Grecs[5], Baal, Mên, etc.

1) Diog. Laert., V, 76.
2) Macrob. *Sat.* I, 7, 14-15.
3) L'institution des reclus (κάτοχοι) du Sérapéum de Memphis, considérés comme précurseurs des anachorètes chrétiens, a soulevé dans ces derniers temps des discussions intéressantes. Cf. A. Bouché-Leclercq, *Les reclus du Sérapéum de Memphis* (Mélanges Perrot. Paris, 1902).
4) Aristid. *In Serap.*, I, p. 96 Dind.
5) Cf. Diod. I, 25. Plut. *De Isid. et Osir.*, 27-29, 61. Ach. Tat., 5, 2.

pour les Asiatiques, et finalement Panthée. Les évhéméristes découvrirent que Sérapis était le roi argien Apis mis au tombeau [1]. Sérapis n'était plus seulement hellénisé, mais Hellène. Les Juifs eux-mêmes et les chrétiens se décidèrent sur le tard à l'incorporer à leurs traditions par le procédé évhémériste. Sérapis devint le descendant de Sarah (Σάῤῥας παῖς), c'est-à-dire Joseph, qui sous les Pharaons, avait été préposé aux subsistances, comme l'indiquait le boisseau placé sur sa tête [2]. Cette vogue vint avec le temps. Nul ne pouvait prévoir, à l'origine, l'incroyable vitalité de ce culte syncrétique, qui, créé pour satisfaire aux besoins religieux d'une cité, envahit plus tard le monde gréco-romain et prit rang, avant le christianisme, parmi les religions cosmopolites.

1) Ἆπις τε ὁ Ἄργους βασιλεὺς Μέμφιν οἰκίζει κτλ. (Clem. Alex. *Strom.*, I, p. 139 Sylb. Euseb. *Praep. Ev.*, X, p. 293 = *FHG.*, IV, p. 327); καὶ νομισθεὶς θεὸς ἐκλήθη Σάραπις (Apollod., II, 1, 1, 4). Cf. Isid. *Etym.*, VIII, 85.

2) Tertull. *Ad nat.*, II, 8. Firmic. Mat. *De error. prof. relig.*, 13. Rufin. *H. Eccl.*, II, 23. Suidas, s. v. Σάραπις.

Angers. — Imp. A. Burdin et Cie rue Garnier, 4.

Original en couleur

NF Z 43-120-8

HISTOIRE DES RELIGIONS

AVRIL (Baron d'). Protection des chrétiens dans le Levant. In-8. . 1 fr.

BARTH (A.), de l'Institut. Bulletin des religions de l'Inde.
- I. Védisme et ancien Brahmanisme. In-8. . . . . 2 fr. 50
- II. Brahmanisme. In-8. . 1 fr. 50
- III. Bouddhisme. In-8 . . 2 fr. »
- IV-V. Jaïnisme. Hindouisme. In-8. 3 fr. 50

BESSE (Dom J.). Les diverses sortes de moines en Orient avant le concile de Chalcédoine (451). In-8. . . . . 1 fr. 50

BOURT-MAUKY (G.). Les premiers témoignages de l'introduction du christianisme en Russie. In-8. 1 fr. 25

BUGIEL (V.). La démonologie du peuple polonais. In-8. . . . . 1 fr. 25

CUMONT (F.) Notice sur deux bas-reliefs mithriaques. In-8, pl. 1 fr. 50

— Le dieu Orotalt d'Hérodote. In-8 1 fr.

EBERSOLT (Jean). Les Actes de saint Jacques et les Actes d'Aquilas, publiés d'après deux manuscrits grecs de la Bibliothèque Natle. In-8. 1 fr.

FOUCART (G.). Sur le culte des statues funéraires dans l'ancienne Egypte. In-8. . . . . 3 fr.

GOBLET D'ALVIELLA. Des rapports historiques entre la religion et la morale. In-8. . . . . . . 1 fr.

— De l'emploi de la méthode comparative dans l'étude des phénomènes religieux. In-8 . . . . . . 1 fr.

GOLDZIHER. Nouvelles contributions à l'hagiologie de l'Islam. In-8 . 1 fr.

HENRY (V.). Bouddhisme et positivisme. In-8 . . . . 1 fr.

HUART (C.). Sur les variations de certains dogmes de l'islamisme aux trois premiers siècles de l'hégire. In-8. 1 fr.

MÉLÉ (F. de). Histoire d'un Suaire. Le saint Suaire d'Enxobregas. In-8, fig. . . . . 1 fr. 25

MONCEAUX (Paul). Examen critique des documents relatifs au martyre de Saint Cyprien. In-8 . . . 1 fr. 50

MONCEAUX (Paul). Païens judaïsants. Essai d'explication d'une inscription africaine. In-8 . . . . . . 1 fr. 50

MONTET (E.). De la notion de divinité contenue dans les mots Elohim, Eloah, El et Iaheweh. In-8 . . 1 fr. 25

— (E.). Les confréries religieuses de l'Islam marocain, leur rôle politique, religieux et social. In-8. . . . 2 fr.

MOON CONARD. Les idées des Indiens Algonquins relatives à la vie d'outre-tombe. In-8 . . . . 2 fr. 50

OLTRAMARE (P.). L'évolutionnisme et l'histoire des religions. In-8 . 1 fr.

PICAVET (F.). L'averroïsme et les averroïstes du XIIIe siècle, d'après le *De Unitate* intellectus contra Averroistas de saint Thomas d'Aquin. In-8. . . . . 1 fr. 25

PIEPENBRING (C.). Les principes fondamentaux de l'enseignement de Jésus. In-8 . . . . 2 fr. 50

PINCHES (Th. G.). Observations sur la religion des Babyloniens 2000 ans av. J.-C. In-8 . . . . . 1 fr. 50

PRICE (Ira M.). Le Panthéon de Goudéa. In-8. . . . . 1 fr. 25

RÉVILLE (Jean). La situation actuelle de l'enseignement de l'histoire des religions. In-8. . . . . . . 1 fr.

RICCI (S. de). Le sacrifice salé (Marc, IX, 49). In-8. . . . . 1 fr.

ROSNY (L. de). Le Bouddha a-t-il existé? In-8. . . . . 2 fr.

SABATIER (A.). La critique biblique et l'histoire des religions. In-8 . 1 fr.

SENART (Em.), de l'Institut. Bouddhisme et Yoga. In-8 . . . 1 fr. 50

SNOUCK HURGRONJE. Les confréries religieuses, la Mecque et le pan-islamisme. In-8. . . . . . . 1 fr. 50

TORR (Cecil). Jésus et Saint Jean dans l'art et suivant la chronologie. In-8. . . . . 1 fr.

TOUTAIN (J.). La légende de Mithra, étudiée surtout dans les bas-reliefs mithriaques. In-8. . . . . 1 fr. 50

www.ingramcontent.com/pod-product-compliance
Ingram Content Group UK Ltd.
Pitfield, Milton Keynes, MK11 3LW, UK
UKHW032020260826
14628UKWH00006B/2622

9 782019 716530